SUR GRIN VOS CONNAISSANCES
SE FONT PAYER

AF144251

- Nous publions vos devoirs
  et votre thèse de bachelor et master

- Votre propre eBook et livre –
  dans tous les magasins principaux du monde

- Gagnez sur chaque vente

Téléchargez maintentant sur www.GRIN.com
et publiez gratuitement

Eva Düllmann

François Truffaut, FAHRENHEIT 451 : Quand les livres brûlent

La mise en scène du roman par F. Truffaut

GRIN Verlag

Bibliografische Information der Deutschen Nationalbibliothek:

Die Deutsche Bibliothek verzeichnet diese Publikation in der Deutschen National-
bibliografie; detaillierte bibliografische Daten sind im Internet über http://dnb.d-
nb.de/ abrufbar.

Imprint:

Copyright © 2007 GRIN Verlag GmbH
Druck und Bindung: Books on Demand GmbH, Norderstedt Germany
ISBN: 978-3-656-01482-9

GRIN - Your knowledge has value

Der GRIN Verlag publiziert seit 1998 wissenschaftliche Arbeiten von Studenten, Hochschullehrern und anderen Akademikern als eBook und gedrucktes Buch. Die Verlagswebsite www.grin.com ist die ideale Plattform zur Veröffentlichung von Hausarbeiten, Abschlussarbeiten, wissenschaftlichen Aufsätzen, Dissertationen und Fachbüchern.

Visit us on the internet:

http://www.grin.com/

http://www.facebook.com/grincom

http://www.twitter.com/grin_com

François Truffaut, FAHRENHEIT 451

Quand les livres brûlent

La mise en scène du roman par F. Truffaut

Facharbeit Französisch LK

St. Ursula Gymnasium

Jahrgangsstufe 12

Düsseldorf den 15.März 2007

Autor: Eva Düllmann ()

Table des matières:

1: Introduction   3

2 : Résumé du contenu   4

3 : De Ray Bradbury à François Truffaut : Un roman prend vie 5

3.1 : Les différences entre le film et le roman 5

3.2 : L'adaptation du livre par Truffaut 7

3.3 : Quand les livres brûlent – Allusions au Troisième Reich 10

4 : La signification du film <<Fahrenheit 451>> 11
 pour François Truffaut

5 : Conclusion 13

6: Bibliographie 14

1 : Introduction

Mon intention n'est pas d'analyser le contenu de l'histoire <<Fahrenheit 451>> pour montrer sa moralité. C'est la tâche de quelqu'un qui analyse le roman de Ray Bradbury. Je voudrais, pour ma part, analyser comment François Truffaut a essayé de porter ce roman à l'écran et découvrir s'il y a réussi. C'est pourquoi j'ai donné le titre <<La mise en scène par F. Truffaut>> à mon exposé. Après avoir vu le film la première fois j'ai choisi un deuxième titre. J'ai remarqué que l'autodafé des livres est le centre du film et j'ai voulu me consacrer à cet élément en particulier. Cela m'a fait ajouter le titre <<Quand les livres brûlent>>. J'ai commencé mon exposé avec un résumé du contenu de l'histoire du film pour aider le lecteur qui ne connaît pas le film. Ensuite j'ai commencé avec l'analyse. Dans le chapitre 3.1 j'ai décrit les différences les plus importantes entre le film et le roman et j'ai essayé de trouver les causes de ces différences. Puis j'ai continué à décrire les particularités de cette adaptation de <<Fahrenheit 451>> et à expliquer quels moyens Truffaut a employés pour la mise en scène. Le chapitre 3.3 est un complément qui se rapporte au titre de l'exposé <<Quand les livres brûlent>>. Dans ce chapitre je me suis concentrée sur les allusions au Troisième Reich faites par Truffaut dans ce film. Le chapitre 4 traite de Truffaut lui-même et de sa relation à ce film. À mes yeux ce chapitre est très important parce que les circonstances du tournage de ce film étaient exceptionnelles et doivent être prises en considération pour une analyse.

La conclusion de mon exposé comporte deux aspects : Premièrement j'ai expliqué les motifs qui m'ont amené à choisir le sujet. Deuxièmement j'ai tenté de répondre à la question : Truffaut a-t-il réussi à adapter le roman de Bradbury en gardant son message? Finalement je voudrais m'excuser auprès du lecteur du fait que mes citations ne sont pas en français mais comme ma source principale est le DVD, la plupart des citations est tirée des interviews du making of qui sont toutes en langue anglaise. Pour garder le sens de ces opinions j'ai préféré les laisser dans la langue originale.

2 : Résumé du contenu

<<451 degrés Fahrenheit est la température à laquelle les livres s'enflamment.
>> (Montag, dans le film Fahrenheit 451)

Guy Montag (Oskar Werner) vit dans une société où les livres sont interdits. Le régime totalitaire est représenté par les pompiers qui n'éteignent plus le feu mais qui brûlent les livres et détruisent les maisons. La société est marquée par le manque d'individualité, de communication et d'attention aux autres. La télévision divertit les gens et les empêche de penser par eux-mêmes. Montag est un pompier et un modèle pour les gens de cette société. Il brûle des livres, obéit à son capitaine et attend une promotion.

Un changement dans sa vie monotone se passe quand il rencontre Clarisse (Julie Christie), une jeune institutrice qui remet en question sa façon de vivre. Elle est le contraire de l'épouse de Montag, Linda (Julie Christie), qui se comporte comme la plupart des gens de l'état : Elle est droguée par les médicaments et regarde la télévision toute la journée. Ayant commencé à regarder son entourage d'une manière plus critique, Montag cache des livres dans sa maison et commence à les lire pendant la nuit. Le comportement de Montag au travail change. Au lieu d'aller travailler, il accompagne Clarisse qui a été licenciée de son école. Pendant une intervention dans la maison d'une dame âgée, Montag voit comment cette femme s'incinère au milieu de ses livres parce qu'elle ne veut pas vivre sans avoir la possibilité de lire. C'est un moment clé dans l'évolution de Montag.

Clarisse doit se cacher parce que son oncle est chassé par les pompiers. Montag veut quitter les pompiers pour commencer à les combattre. Son capitaine lui demande d'exécuter son travail une dernière fois. L'intervention a lieu dans sa propre maison et il comprend que Linda l'a dénoncé. Dans la maison, il met le feu à tout ce qui lui rappelle sa vie avec Linda avant de brûler ses livres. Il essaye de cacher son livre préféré dans la poche. Le capitaine lui demande de le brûler et est ensuite lui-même enflammé par Montag. Montag fuit, il s'échappe dans une forêt où il fait la connaissance des <<hommes-livres>>. Ce sont des gens qui ont appris un livre par cœur et le gardent jusqu'à ce qu'un changement de société se produise et qu'on recommence à imprimer des livres. Montag devient un <<homme-livre>>.

3 : De Ray Bradbury à François Truffaut : Un roman prend vie

<u>3.1 : Les différences entre le film et le roman</u>

L'intention de François Truffaut n'était pas de porter le roman de Bradbury à l'écran en le traduisant littéralement. Annette Insdorf (auteur d'une étude critique sur Truffaut) a exprimé cela en disant : <<*It's a mistake going in [pour voir le film] thinking <oh Ray Bradbury, oh sure I know what he is up to in his books and now I'm going to see the visualisation> >>*[1]. Au contraire, les intentions du romancier et du metteur en scène sont différentes. Le but de Ray Bradbury est de critiquer la société qui est de plus en plus figée devant la télévision et perd la capacité de penser par elle-même. En outre, il veut montrer le destin de cette société. Pendant une interview, il a expliqué le danger d'une société comme celle de <<Fahrenheit 451>> en disant <<*The real threat is ignorance and the lack of education*>>[2].

Mais c'est seulement un des buts de Truffaut. L'autre aspect est de porter à l'écran des livres bien que télévision et littérature soient deux choses bien différentes. Le sujet central du film est l'amour pour les livres. Le déploiement que Truffaut utilise pour montrer les livres, surtout les livres qui brûlent, est énorme et la diversité des détails est très complexe.

Pour cette raison, Truffaut a négligé des autres aspects du roman. Le personnage de Faber, un ancien chargé de cours, est supprimé dans le film. C'est lui dans le roman, qui parle des <<hommes-livres>> à Montag et qui projette avec lui la résistance contre les pompiers. Dans le film, c'est Clarisse qui remplit cette fonction. Ce n'est pas une élève de 17 ans comme Bradbury la décrit mais une institutrice de 20 ans qui joue un plus grand rôle dans le développement de Montag dans le film que dans le roman. Pour Bradbury, Clarisse est une jeune fille qui réveille les sentiments de Montag et amène un changement dans son évolution. Ensuite, elle disparaît. Truffaut dépasse cette fonction : Pour lui Clarisse est la femme qui accompagne Montag durant toute son évolution. On peut parler d'une relation amoureuse même si elle reste platonique. À la fin du film, ils sont réunis chez les <<hommes-livres>> avec lesquels ils vivent dans une forêt et où chacun apprend un livre par cœur pour le garder. Cependant la fin du roman n'a rien d'un happy end. Bradbury ne se

---

[1] DVD: Le making of de Fahrenheit 451
[2] DVD:Fahrenheit 451: Le roman, discussion avec l'auteur Ray Bradbury

concentre pas longtemps sur les <<hommes-livres>> mais il décrit la destruction du pays et, par là, celle de la vie antérieure de Montag. Cette destruction radicale n'est pas mentionnée par Truffaut. Bradbury met au premier plan du roman la désolation et la solitude de la nouvelle vie de Montag et la peur des <<hommes-livres>> d'oublier le contenu des livres qu'ils ont appris par cœur.

Un autre aspect de l'adaptation de F. Truffaut est qu'on y trouve peu de la science-fiction. Le roman de Bradbury est d'une part un roman de science-fiction classique qui contient certains éléments futuristes comme le chien mécanique ou le grille-pain qui beurre les toasts après les avoir grillés. Le film contient d'autre part beaucoup d'éléments des années 1960 comme les vêtements ou le mobilier. Truffaut a laissé de côté le chien mécanique ce que Ray Bradbury a commenté par ces mots :<<*One of the flaws in the film for me is the absence of the Mechanical Hound, because he is a creature that helps tell you about the future.* >>[3] Dans le livre ce chien joue un rôle important. Il peut être programmé pour chasser et tuer sans pitié. Il aide le lecteur à s'imaginer cet avenir dénué de tout sentiment et Bradbury l'utilise pour montrer la brutalité que Montag doit craindre. Bien que les écrans de télévision soient décrits en détail par Bradbury comme couvrant tous les murs des salles de séjour, ils apparaissent moins impressionnants dans le film. Là il y a seulement un écran au lieu de trois dans la salle de séjour de l'appartement où vivent Linda et Montag et il ne couvre pas même la moitié d'un mur. Truffaut, pour sa part, ne s'est servi que de peu d'éléments futuristes : Une sorte de téléférique, le monorail, qui ressemble à un train, la barre des pompiers où on peut glisser de haut en bas et de bas en haut et les agents de police qui peuvent voler grâce à une machine fixée sur leur dos. Mais on remarque que Truffaut n'a pas attaché une grande valeur à ces éléments. En regardant le film attentivement on aperçoit les cordes qui tiennent les acteurs jouant les agents de police.

Pour conclure on peut dire que, malgré de toutes ces différences entre le roman et le film <<Fahrenheit 451>>, Bradbury de même que Truffaut ont réussi à mettre en garde contre un monde, où les gens ont perdu la capacité de penser et d'éprouver des sentiments et sont complètement influençables.

---

[3]DVD: Le making of de Fahrenheit 451

3.2 : L'adaptation du livre par Truffaut

Dans le chapitre 3.1 il est déjà mentionné que les livres représentent le centre du film <<Fahrenheit 451>>. Mais avant tout, il est question d'un monde sans livres ou plutôt sans écriture. Pour introduire cette société, Truffaut commence le film avec une séquence titre, où les noms des participants à la réalisation du film ne sont pas écrits mais récités. On voit des antennes de télévision qui donnent déjà l'idée de ce qui remplacera les livres. Truffaut continue d'éliminer l'écriture en faisant <<lire>> à Montag une sorte de bande dessinée, sans texte, au lieu d'un journal.

En privant le spectateur de mots imprimés, Truffaut produit un contraste avec les séquences, où il montre des livres. Il fait cela avec un tel déploiement de moyens qu'on peut comprendre facilement pourquoi A. Insdorf appelle le film <<*a passionate hommage to (…) the written word*>>[4]. Truffaut réussit à donner une âme aux livres. Le spectateur a l'impression que les livres sont vivants et que les brûler signifie brûler des être vivants. Cette impression est le résultat des différentes méthodes utilisées par Truffaut. Il se sert par exemple de plans rapprochés, quand les livres sont filmés. Cela réduit la distance entre le spectateur et les livres qui sont montrés. De plus, il y a quelques livres qui ont des visages d'hommes sur la reliure. Ainsi on a l'impression que les livres nous regardent. Ensuite, Truffaut a filmé les pages tournées par le vent. Cela fait croire au spectateur que les livres pourraient bouger par eux-mêmes.

En outre, Truffaut a concentré son attention sur la présentation des livres qui sont en train de brûler. On voit, par exemple, un livre dont les différentes pages brûlent séparément, l'une après l'autre. Chaque page devient noire et se fripe avant de disparaître. Ensuite, l'écran est entièrement recouvert par la page d'un livre. On voit que la page commence à brûler. D'abord il y a un petit trou dans le papier qui devient de plus en plus grand, jusqu'à ce que toute la page soit en flammes. J'ai remarqué que presque la moitié des livres est en français bien que le film soit une production anglaise. Les <<Cahiers du Cinéma>> par exemple, sont un petit renvoi au metteur en scène français.

De plus, il y a deux livres dans le film qui jouent un rôle important dans le développement de Montag. C'est d'abord <<L'histoire personnelle de David

---

[4] DVD: Le making of de Fahrenheit 451

Copperfield>>, le premier livre que Montag lit. Ce livre symbolise la situation dans laquelle Montag se trouve. Il commence avec la phrase <<Je viens au monde>>. Cela indique que l'esprit de Montag s'éveille à ce moment. Le texte continue avec la question <<Deviendrais-je le héros de ma propre vie? >>. On peut transmettre cette question à la vie Montag : Son développement du pompier à l'<<homme-livre>> se passera-t-il ?

La scène suivante est la réponse à cette question: Elle a lieu dans un parc où les pompiers fouillent les gens. Montag tâte la poche d'un monsieur et on remarque le contour d'un livre. Néanmoins Montag le laisse passer. Pendant cette brève scène la moitié gauche de l'écran est noire pour qu'on se concentre sur l'essentiel, l'interaction entre Montag et l'homme. Cette façon de tourner une scène est une invention de Truffaut. Il est important de savoir qu'après cette séquence, Montag ne peut plus utiliser la barre des pompiers, qui est pour lui le symbole de l'autorité qui fait détruire les livres et arrête son évolution.

Le deuxième livre important est celui qu'il apporte aux <<hommes-livres>> pour l'apprendre par cœur : <<Les histoires extraordinaires>> de E. A. Poe est un hommage à sa propre vie, une histoire extraordinaire.

Un autre aspect du film qui est aussi important que celui des livres est le double rôle de Julie Christie. Elle joue Linda la femme de Montag et Clarisse, la femme qui provoque son changement. A. Insdorf décrit les deux personnages comme suivant :<<*Linda and Clarisse are two sides of one coin[...]there is a kind of raw material in each human being that can be shaped towards either positive or negative ends.*>>[5] Cela veut dire que Linda et Clarisse représentent deux possibilités de comportement dans la société de <<Fahrenheit 451>>. Au début, Montag est comme Linda. Il est un homme qui fait ce qu'il est ordonné et ne pose pas de questions. Mais ensuite, il devient de plus en plus comme Clarisse et enfin, il quitte sa femme pour être avec Clarisse.

Il se détourne d'une société, où chacun ne se préoccupe que de soi-même. Truffaut développe de cet égocentrisme une sorte d'autoérotique. Cela veut dire qu'il fait passer à Linda beaucoup de temps en face d'un miroir dans lequel elle admire sa propre apparence en touchant ses propres seins. Il y a aussi des scènes dans le monorail, où on voit des gens qui touchent leurs propres lèvres ou genoux et regardent, ou même embrassent leur reflet dans la fenêtre.

---

[5] DVD: Le making of de Fahrenheit 451

À cause du manque de dialogue entre les personnages, le spectateur a besoin d'un autre moyen pour emporter les émotions. La musique de Bernhard Herman. La mélodie des pompiers, par exemple, est agressive mais a l'air enfantine. Avec cette mélodie, Herman indique que les gens sont réduits à un niveau enfantin. Mais d'après la citation suivante de Bradbury, la mélodie la plus touchante est celle de la séquence terminale, quand on voit les hommes-livres dans la forêt:

<<*You have the book people wandering in the woods, speaking their reliances [...] and you have the beautiful score by Bernhard Herman [...] playing in the background and when the film ends you're in tears.*>>[6]

C'est exactement ce que Herman voudrait, une chanson pleine d'humanité (<<*a full song of humanity*>>[7]) qui représente un contraste à la vie antérieure de Montag. La musique est le moyen qui montre le changement qui se produit, quand Montag entre dans la forêt. L'inhumanité dans la ville fait place à l'humanité des livres qui sont conservés par les <<hommes-livres>>.

---

[6] DVD: La musique de Fahrenheit 451
[7] DVD: La musique de Fahrenheit 451

3.3 : Quand les livres brûlent – Allusions au Troisième Reich

<<*Das war das Vorspiel nur, dort wo man Bücher verbrennt, verbrennt man auch am Ende Menschen.*>>[8]

Pour François Truffaut l'autodafé des livres a été une vision traumatique. Dans son film <<Jules et Jim>> (1961) il y a déjà une scène, où des livres sont brûlés par les nazis. Dans <<Fahrenheit 451>> il fait de l'autodafé des livres le sujet principal. Ce qui nous rappelle le Troisième Reich dans le film est, par exemple, l'uniforme des pompiers qui ressemble à l'uniforme des <<Sturmtruppen>>. Une autre chose très intéressante qui traduit une liaison à l'Allemagne est l'acteur autrichien, Oskar Werner, qui parle avec un accent allemand.

Il y a une scène où Montag salue le capitaine et leur geste ressemble au salut hitlérien.

On remarque une certaine ironie dans une scène où le capitaine tire un livre d'une étagère qui a pour titre <<Mein Kampf>> d'Adolf Hitler. En tenant ce livre dans sa main il dit :<<*Il faut brûler les livres, Montag. Tous les livres.* >>[9]. Cette scène est ironique parce que le capitaine veut brûler le livre de l'homme, qui a occasionné l'autodafé de millions de livres. L'élément tragique dans cette scène c'est que les hommes, dans l'avenir fictionaire de <<Fahrenheit 451>>, n'ont rien appris des fautes faites par les hommes du passé.

---

[8]Verboten Verbrannt – Verfolgt Verbrannt, Heinrich Heine Amansor 1821
[9] DVD: Le film, chapitre 10

4 : La signification du film <<Fahrenheit 451>> pour François Truffaut

Le film <<Fahrenheit 451>> était une première pour Truffaut à beaucoup d'égards.

Premièrement, le film est sa première production internationale. Ses films précédents sont exclusivement tournés en langue française, donc <<Fahrenheit 451>> est son premier film en anglais. Il l'a tourné en Angleterre aux Pinewood Studios.

De plus, ce film est son premier film en couleur. Le tournage a duré deux ans à cause des difficultés de recevoir les droits d'adaptation et des nouvelles circonstances dans lesquelles Truffaut a dû travailler. En outre, <<Fahrenheit 451>> est son premier film de science-fiction.

J'ai l'impression que le film n'est pas un succès dans la filmographie de Truffaut ou comme A. Insdorf dit : <<I *believe that he looked upon this film as an* unhappy *chapter in his filmography.* >>[10]

En premier lieu, il y avait le problème de la langue (A. Insdorf : <<*Fahrenheit 451 was not totally in Truffaut's control. I think that he was out of his element linguistically and geographically. He never mastered the English language; he never again agreed to do a film in English.* >>[11]). En racontant la vie quotidienne pendant le tournage, le producteur du film, Louis M. Allen, explique les difficultés de travailler avec Truffaut ne parlait qu'en français. Tout le monde devait tout le temps communiquer en français. Pour les gens comme Julie Christie qui a vécu en France quelque temps cela n'a pas été un problème. Mais pour les autres, la communication avec Truffaut était plus difficile. Il n'a jamais aimé le cinéma anglais et pour <<Fahrenheit 451>> il n'était même pas capable d'adapter les dialogues anglais.

Un autre aspect compliqué pour Truffaut était qu'il manquait d'expérience en ce qui concerne la production de films en couleur. Mais <<Universal>>, l'entreprise de production voulait que le film soit en couleur. L'aversion de Truffaut pour la science-fiction a rendu la production plus difficile de même que la relation entre Truffaut et l'acteur Oskar Werner qui s'est détériorée pendant le tournage du film <<Fahrenheit 451>>. Les deux hommes ont déjà tourné <<Jules et Jim>> (1961) ensemble, mais leurs idées sur la réalisation de <<Fahrenheit 451>> étaient tout à fait divergentes. Pendant le tournage, Truffaut était tout le temps

---

[10] DVD: Le making of de Fahrenheit 451
[11] DVD: Le making of de Fahrenheit 451

mécontent parce que Werner souriait trop souvent, alors qu'il voulait que le personnage de Montag ne montre aucune émotion. Werner, pour sa part, était mécontent de la façon dont Truffaut a traité le sujet de l'autodafé des livres. Il a vu <<la nuit de Cristal>> comme enfant. Une citation de Werner exprime le mieux son attitude face à Truffaut :

<<*Wie ich sechzehn war, da war die Kristallnacht, und da war der Truffaut sechs. Und ich hab' in Wien die Synagogen brennen sehn [...] Und der Truffaut, der glatte Franzose, der sich das angelesen hat, sagt, das kann man nicht so machen.* >>[12]

Cette animosité entre Truffaut et Werner s'est détériorée dans la dernière séquence du film. Le bruit coure que la main de Montag qui est vu pendant qu'il se cache dans un petit bateau est celle d'un figurant, choisi par Truffaut. Il a choisi un homme avec des mains très laides. Werner d'autre part s'est laissé couper les cheveux pour qu'il y ait une incohérence dans le film à cause du changement de la coiffure de Montag.

Un homme qui semble avoir beaucoup influencé Truffaut pendant le tournage de <<Fahrenheit 451>> est le grand régisseur Alfred Hitchcock. Dans les années 1960, Truffaut a interviewé Hitchcock pour apprendre tout de son grand modèle. Il a publié le film <<Fahrenheit 451>> et un livre avec l'interview de Hitchcock la même année. Donc il est évident que A. Insdorf parle de <<*Hitchcockien time*>>[13] de François Truffaut. L'influence directe de Hitchcock dans <<Fahrenheit 451>> est par exemple visible dans la scène, où Linda quitte la maison après avoir dénoncé Montag. Dans cette scène elle décroche une photo du mur et s'effraye, quand un livre caché derrière la photo tombe par terre. Cette scène est semblable à une scène du film <<Les Oiseaux>> de Alfred Hitchcock.

Malheureusement, on doit dire que le film <<Fahrenheit 451>> a été le deuxième échec après <<La peau douce>> (1964) ce qui a beaucoup abattu Truffaut. C'est pourquoi Julie Christie a dit <<*It comes at a time in his career when he really could have used a success and this wasn't to be that at all.* >>[14].

---

[12] Robert Dachs, *Oskar Werner. Ein Nachklang* (Wien 1988), p. 148 f.
[13] DVD: Le making of de Fahrenheit 451
[14] DVD: Commentaire sur le film avec Julie Christie

5: Conclusion

Pour terminer mon travail sur le film <<Fahrenheit 451>> je voudrais parler de ma première rencontre avec Truffaut : Il y a deux ans, j'ai fait un voyage à Paris avec mon père. À la fin du voyage, nous avons visité le Cimetière Montmartre dans lequel se trouvent beaucoup de tombes de gens célèbres. Sur un plan à l'entrée on peut voir les places où les célébrités sont enterrées. Je dois expliquer que mon père est un grand amateur de la science-fiction. Quand il a vu que la tombe de Truffaut (qui a, en fait, seulement fait un film de science-fiction) se trouve dans ce cimetière, toutes les autres célébrités ont été oubliées et il s'est dépêché de trouver cette tombe et de faire une photo. Comme la photo le prouve, il a réussi mais nous avons presque été enfermés parce que c'était l'heure de fermeture du portail. Rentrée à la maison, j'ai vu le film <<Fahrenheit 451>> pour la première fois.

Enfin, j'aimerais répondre à la question de l'introduction : <<Est-ce que Truffaut a réussi à adapter le roman de Bradbury en gardant son message ?>>, en répétant la fin du chapitre 3.1 : <<malgré toutes ces différences entre le roman et le film <<Fahrenheit 451>> Bradbury de même que Truffaut ont réussi à mettre en garde contre un monde, où les gens ont perdu la capacité de penser et d'éprouver des sentiments et sont complètement influençables.>> Donc, à mes yeux, ce film est un succès. En lisant des textes et entendant des interviews sur François Truffaut et son film, j'ai été impressionnée par l'engagement avec lequel il a travaillé et, comment il est arrivé à produire un film si varié avec le peu de moyens techniques qu'étaient à sa disposition.

Ensuite, je pense que l'autodafé des livres, le sujet qui a intéressé Truffaut le plus, est très important pour tout le monde. Le film <<Fahrenheit 451>> souligne les conséquences d'abolir l'écriture, un sujet qui devient de plus en plus important aujourd'hui, dans un monde où la télévision et l'ordinateur remplacent lentement les livres, surtout chez les enfants. Bien que Truffaut soit déjà mort depuis 23 ans, son film ne perd pas de son actualité.

Si nous ne faisons pas attention cette fiction deviendra réalité!

6 : Bibliographie

Quellen:

- DVD : François Truffaut, <<Fahrenheit 451>>
  - o Le film
  - o Le making of de Fahrenheit 451
  - o La musique de Fahrenheit 451
  - o Commentaire sur le film avec Julie Christie
  - o Fahrenheit 451 : Le roman, discussion avec l'auteur Ray Bradbury

- Bradbury, Ray, *Fahrenheit 451* (Wilhelm Heyne Verlag München, Gütersloh 1982 (12. Auflage))
- Dachs, Robert, Oskar *Werner: Ein Nachklang* (Wiener Verlag, Wien 1988)
- Ingram, Robert/ Duncan Paul (Hg.), *François Truffaut, Sämtliche Werke*, (Taschen, o. O, o. J.)
- Jansen, Peter und Schütte, Wolfram, *Reihe Film I, François Truffaut* (Carl Hanser Verlag, Wemding 1984, 4. ergänzte Auflage)
- Koebner, Thomas, *Filmgenres, Science Fiction* (Reclam, Ditzingen 2003)
- Verboten Verbrannt – Verfolgt Verbrannt (Informationsblatt zum Denkmal zur Erinnerung und Mahnung an die nationalsozialistische Bücherverbrennung in Berlin am 10. Mai 1933)
- http://www.imdb.com/title/tt0060390/goofs (18. 02.2007)

Hilfsmittel:

- Langenscheidt-Redaktion, Schulwörterbuch Französisch, Berchtesgaden, o. J.
- www.webtranslate.de
- Fischer, Wolfgang und Le Plouhinec, Anne-Marie, *Thematischer Grund- und Aufbauwortschatz Französisch Neue Ausgabe* (Ernst Klett Verlag, Stuttgart 2004, 1. Auflage)